中华人民共和国反间谍法

（含立法说明）

（大字版）

中国法制出版社

目　　录

中华人民共和国主席令

第四号

《中华人民共和国反间谍法》已由中华人民共和国第十四届全国人民代表大会常务委员会第二次会议于 2023 年 4 月 26 日修订通过，现予公布，自 2023 年 7 月 1 日起施行。

中华人民共和国主席　习近平

2023 年 4 月 26 日

中华人民共和国反间谍法

（2014年11月1日第十二届全国人民代表大会常务委员会第十一次会议通过 2023年4月26日第十四届全国人民代表大会常务委员会第二次会议修订）

目　　录

第一章　总　　则

第一条　为了加强反间谍工作，防范、制止和惩治间谍行为，维护国家安全，保护人民利益，根据宪法，制定本法。

第二条　反间谍工作坚持党中央集中统一领导，坚持总体国家安全观，坚持公开工作与秘密工作相结合、专门工作与群众路线相结合，坚持积极防御、依法惩治、标本兼治，筑牢国家安全人民防线。

第三条　反间谍工作应当依法进行，尊重和保障人权，保障个人和组织的合法权益。

第四条　本法所称间谍行为，是指下列行为：

（一）间谍组织及其代理人实施或者指使、资助他人实施，或者境内外机构、组织、个人与其相勾结实施的危害中华人民共和国国家安全的活动；

（二）参加间谍组织或者接受间谍组织及其代理人的任务，或者投靠间谍组织及其代理人；

（三）间谍组织及其代理人以外的其他境外机构、组织、个人实施或者指使、资助他人实施，或者境内机构、组织、个人与其相勾结实施的窃取、刺探、收买、非法提供国家秘密、情报以及其他关系国家安全和利益的文件、数据、资料、物品，或者策动、引诱、胁迫、收买国家工作人员叛变的活动；

（四）间谍组织及其代理人实施或者指使、资助他人实施，或者境内外机构、组织、个人与其相勾结实施针对国家机关、涉密单位或者关键信息基础设施等的网络攻击、侵入、干扰、控制、破坏等活动；

（五）为敌人指示攻击目标；

（六）进行其他间谍活动。

间谍组织及其代理人在中华人民共和国领域内，或者利用中华人民共和国的公民、组织或者其他条件，从事针对第三国的间谍活动，危害中华人民共和国国家安全的，适用本法。

第五条　国家建立反间谍工作协调机制，统筹协调反间谍工作中的重大事项，研究、解决反间谍工作中的重大问题。

第六条　国家安全机关是反间谍工作的主管机关。

公安、保密等有关部门和军队有关部门按照职责分工，密切配合，加强协调，依法做好有关工作。

第七条 中华人民共和国公民有维护国家的安全、荣誉和利益的义务，不得有危害国家的安全、荣誉和利益的行为。

一切国家机关和武装力量、各政党和各人民团体、企业事业组织和其他社会组织，都有防范、制止间谍行为，维护国家安全的义务。

国家安全机关在反间谍工作中必须依靠人民的支持，动员、组织人民防范、制止间谍行为。

第八条 任何公民和组织都应当依法支持、协助反间谍工作，保守所知悉的国家秘密和反间谍工作秘密。

第九条 国家对支持、协助反间谍工作的个人和组织给予保护。

对举报间谍行为或者在反间谍工作中做出重大贡献的个人和组织，按照国家有关规定给予表彰和奖励。

第十条 境外机构、组织、个人实施或者指使、资助他人实施的，或者境内机构、组织、个人与境外机构、组织、个人相勾结实施的危害中华人民共和国国家安全的间谍行为，都必须受到法律追究。

第十一条 国家安全机关及其工作人员在工作中，应当严格依法办事，不得超越职权、滥用职权，不得侵犯个人和组织的合法权益。

国家安全机关及其工作人员依法履行反间谍工作职责获取的个人和组织的信息，只能用于反间谍工作。对属于国家秘密、工作秘密、商业秘密和个人隐私、个人信息的，应当保密。

第二章 安全防范

第十二条 国家机关、人民团体、企业事业组织和其他社会组织承担本单位反间谍安全防范工作的主体责任，落实反间谍安全防范措施，对本单位的人员进行维护国家安全的教育，动员、组织本单位的人员防范、制止间谍行为。

地方各级人民政府、相关行业主管部门按照职责分工，管理本行政区域、本行业有关反间谍安全防范工作。

国家安全机关依法协调指导、监督检查反间谍安全防范工作。

第十三条 各级人民政府和有关部门应当组织开展反间谍安全防范宣传教育，将反间谍安全防范知识纳入教育、培训、普法宣传内容，增强全民反间谍安全防范意识和国家安全素养。

新闻、广播、电视、文化、互联网信息服务等单位，应当面向社会有针对性地开展反间谍宣传教育。

国家安全机关应当根据反间谍安全防范形势，指导有关单位开展反间谍宣传教育活动，提高防范意识和能力。

第十四条 任何个人和组织都不得非法获取、持有属于国家秘密的文件、数据、资料、物品。

第十五条 任何个人和组织都不得非法生产、销售、持有、使用间谍活动特殊需要的专用间谍器材。专用间谍器材由国务院国家安全主管部门依照国家有关规定确认。

第十六条 任何公民和组织发现间谍行为，应当及时向国家安全机关举报；向公安机关等其他国家机关、组织举报的，相关国家机关、组织应当立即移送国家安全机关处理。

国家安全机关应当将受理举报的电话、信箱、网络平台等向社会公开，依法及时处理举报信息，并为举报人保密。

第十七条 国家建立反间谍安全防范重点单位管理制度。

反间谍安全防范重点单位应当建立反间谍安全防范工作制度，履行反间谍安全防范工作要求，明确内设职能部门和人员承担反间谍安全防范职责。

第十八条 反间谍安全防范重点单位应当加强对工作人员反间谍安全防范的教育和管理，对离岗离职人员脱密期内履行反间谍安全防范义务的情况进行监督检查。

第十九条 反间谍安全防范重点单位应当加强对涉密事项、场所、载体等的日常安全防范管理，采取隔离加固、封闭管理、设置警戒等反间谍物理防范措施。

第二十条 反间谍安全防范重点单位应当按照反间谍技术防范的要求和标准，采取相应的技术措施和其他必要措施，加强对要害部门部位、网络设施、信息系统的反间谍技术防范。

第二十一条 在重要国家机关、国防军工单位和其他重要涉密单位以及重要军事设施的周边安全控制区域内新建、改建、扩建建设项目的，由国家安全机关实施涉及国家安全事项的建设项目许可。

县级以上地方各级人民政府编制国民经济和社会发展规划、国土空间规划等有关规划，应当充分考虑国家安全因素和划定的安全控制区域，征求国家安全机关的意见。

安全控制区域的划定应当统筹发展和安全，坚持科学合理、确有必要的原则，由国家安全机关会同发展改革、自然资源、住房城乡建设、保密、国防科技工业等部门以及军队有关部门共同划定，报省、自治区、直辖市人民政府批准并动态调整。

涉及国家安全事项的建设项目许可的具体实施办法，由国务院国家安全主管部门会同有关部门制定。

第二十二条　国家安全机关根据反间谍工作需要，可以会同有关部门制定反间谍技术防范标准，指导有关单位落实反间谍技术防范措施，对存在隐患的单位，经过严格的批准手续，可以进行反间谍技术防范检查和检测。

第三章 调查处置

第二十三条 国家安全机关在反间谍工作中依法行使本法和有关法律规定的职权。

第二十四条 国家安全机关工作人员依法执行反间谍工作任务时，依照规定出示工作证件，可以查验中国公民或者境外人员的身份证明，向有关个人和组织问询有关情况，对身份不明、有间谍行为嫌疑的人员，可以查看其随带物品。

第二十五条 国家安全机关工作人员依法执行反间谍工作任务时，经设区的市级以上国家安全机关负责人批准，出示工作证件，可以查验有关个人和组织的电子设备、设施及有关程序、工具。查验中发现存在危害国家安全情形的，国家安全机关应当责令其采取措施立即整改。拒绝整改或者整改后仍存在危害国家安全隐患的，可以予以查封、扣押。

对依照前款规定查封、扣押的电子设备、设施及有关程序、工具，在危害国家安全的情形消除后，国家安全机关应当及时解除查封、扣押。

第二十六条 国家安全机关工作人员依法执行反间谍工作任务时，根据国家有关规定，经设区的市级以上国家安全机关负责人批准，可以查阅、调取有关的文件、数据、资料、物品，有关个人和组织应当予以配合。查阅、调取不得超出执行反间谍工作任务所需的范围和限度。

第二十七条 需要传唤违反本法的人员接受调查的，经国家安全机关办案部门负责人批准，使用传唤证传唤。对现场发现的违反本法的人员，国家安全机关工作人员依照规定出示工作证件，可以口头传唤，但应当在询问笔录中注明。传唤的原因和依据应当告知被传唤人。对无正当理由拒不接受传唤或者逃避传唤的人，可以强制传唤。

国家安全机关应当在被传唤人所在市、县内的指定地点或者其住所进行询问。

国家安全机关对被传唤人应当及时询问查证。询问查证的时间不得超过八小时；情况复杂，可能适用行政拘留或者涉嫌犯罪的，询问查证的时间不得超过二十四小时。国家安全机关应当为被传唤人提供必要的饮食和休息时间。严禁连续传唤。

除无法通知或者可能妨碍调查的情形以外，国家安全机关应当及时将传唤的原因通知被传唤人家属。在上述情形消失后，应当立即通知被传唤人家属。

第二十八条 国家安全机关调查间谍行为，经设区的市级以上国家安全机关负责人批准，可以依法对涉嫌间谍行为的人身、物品、场所进行检查。

检查女性身体的，应当由女性工作人员进行。

第二十九条 国家安全机关调查间谍行为，经设区的市级以上国家安全机关负责人批准，可以查询涉嫌间谍行为人员的相关财产信息。

第三十条 国家安全机关调查间谍行为，经设区的市级以上国家安全机关负责人批准，可以对涉嫌用于间谍行为的场所、设施或者财物依法查封、扣押、冻结；不得查封、扣押、冻结与被调查的间谍行为无关的场所、设施或者财物。

第三十一条 国家安全机关工作人员在反间谍工作中采取查阅、调取、传唤、检查、查询、查封、扣押、冻结等措施，应当由二人以上进行，依照有关规定出示工作证件及相关法律文书，并由相关人员在有关笔录等书面材料上签名、盖章。

国家安全机关工作人员进行检查、查封、扣押等重要取证工作，应当对全过程进行录音录像，留存备查。

第三十二条 在国家安全机关调查了解有关间谍行为的情况、收集有关证据时，有关个人和组织应当如实提供，不得拒绝。

第三十三条 对出境后可能对国家安全造成危害，或者对国家利益造成重大损失的中国公民，国务院国家安全主管部门可以决定其在一定期限内不准出境，并通知移民管理机构。

对涉嫌间谍行为人员，省级以上国家安全机关可以通知移民管理机构不准其出境。

第三十四条 对入境后可能进行危害中华人民共和国国家安全活动的境外人员，国务院国家安全主管部门可以通知移民管理机构不准其入境。

第三十五条 对国家安全机关通知不准出境或者不准入境的人员，移民管理机构应当按照国家有关规定执行；不准出境、入境情形消失的，国家安全机关应当及时撤销不准出境、入境决定，并通知移民管理机构。

第三十六条　国家安全机关发现涉及间谍行为的网络信息内容或者网络攻击等风险，应当依照《中华人民共和国网络安全法》规定的职责分工，及时通报有关部门，由其依法处置或者责令电信业务经营者、互联网服务提供者及时采取修复漏洞、加固网络防护、停止传输、消除程序和内容、暂停相关服务、下架相关应用、关闭相关网站等措施，保存相关记录。情况紧急，不立即采取措施将对国家安全造成严重危害的，由国家安全机关责令有关单位修复漏洞、停止相关传输、暂停相关服务，并通报有关部门。

经采取相关措施，上述信息内容或者风险已经消除的，国家安全机关和有关部门应当及时作出恢复相关传输和服务的决定。

第三十七条　国家安全机关因反间谍工作需要，根据国家有关规定，经过严格的批准手续，可以采取技术侦察措施和身份保护措施。

第三十八条　对违反本法规定，涉嫌犯罪，需要对有关事项是否属于国家秘密或者情报进行鉴定以及需要对危害后果进行评估的，由国家保密部门或者省、自治区、直辖市保密部门按照程序在一定期限内进行鉴定和组织评估。

第三十九条 国家安全机关经调查，发现间谍行为涉嫌犯罪的，应当依照《中华人民共和国刑事诉讼法》的规定立案侦查。

第四章 保障与监督

第四十条 国家安全机关工作人员依法履行职责，受法律保护。

第四十一条 国家安全机关依法调查间谍行为，邮政、快递等物流运营单位和电信业务经营者、互联网服务提供者应当提供必要的支持和协助。

第四十二条 国家安全机关工作人员因执行紧急任务需要，经出示工作证件，享有优先乘坐公共交通工具、优先通行等通行便利。

第四十三条 国家安全机关工作人员依法执行任务时，依照规定出示工作证件，可以进入有关场所、单位；根据国家有关规定，经过批准，出示工作证件，可以进入限制进入的有关地区、场所、单位。

第四十四条 国家安全机关因反间谍工作需要，

根据国家有关规定，可以优先使用或者依法征用国家机关、人民团体、企业事业组织和其他社会组织以及个人的交通工具、通信工具、场地和建筑物等，必要时可以设置相关工作场所和设施设备，任务完成后应当及时归还或者恢复原状，并依照规定支付相应费用；造成损失的，应当给予补偿。

第四十五条　国家安全机关因反间谍工作需要，根据国家有关规定，可以提请海关、移民管理等检查机关对有关人员提供通关便利，对有关资料、器材等予以免检。有关检查机关应当依法予以协助。

第四十六条　国家安全机关工作人员因执行任务，或者个人因协助执行反间谍工作任务，本人或者其近亲属的人身安全受到威胁时，国家安全机关应当会同有关部门依法采取必要措施，予以保护、营救。

个人因支持、协助反间谍工作，本人或者其近亲属的人身安全面临危险的，可以向国家安全机关请求予以保护。国家安全机关应当会同有关部门依法采取保护措施。

个人和组织因支持、协助反间谍工作导致财产损失的，根据国家有关规定给予补偿。

第四十七条　对为反间谍工作做出贡献并需要安置的人员，国家给予妥善安置。

公安、民政、财政、卫生健康、教育、人力资源和社会保障、退役军人事务、医疗保障、移民管理等有关部门以及国有企业事业单位应当协助国家安全机关做好安置工作。

第四十八条　对因开展反间谍工作或者支持、协助反间谍工作导致伤残或者牺牲、死亡的人员，根据国家有关规定给予相应的抚恤优待。

第四十九条　国家鼓励反间谍领域科技创新，发挥科技在反间谍工作中的作用。

第五十条　国家安全机关应当加强反间谍专业力量人才队伍建设和专业训练，提升反间谍工作能力。

对国家安全机关工作人员应当有计划地进行政治、理论和业务培训。培训应当坚持理论联系实际、按需施教、讲求实效，提高专业能力。

第五十一条　国家安全机关应当严格执行内部监督和安全审查制度，对其工作人员遵守法律和纪律等情况进行监督，并依法采取必要措施，定期或者不定期进行安全审查。

第五十二条　任何个人和组织对国家安全机关及其工作人员超越职权、滥用职权和其他违法行为，都有权向上级国家安全机关或者监察机关、人民检察院等有关部门检举、控告。受理检举、控告的国家安全机关或者监察机关、人民检察院等有关部门应当及时查清事实，依法处理，并将处理结果及时告知检举人、控告人。

对支持、协助国家安全机关工作或者依法检举、控告的个人和组织，任何个人和组织不得压制和打击报复。

第五章　法律责任

第五十三条　实施间谍行为，构成犯罪的，依法追究刑事责任。

第五十四条　个人实施间谍行为，尚不构成犯罪的，由国家安全机关予以警告或者处十五日以下行政拘留，单处或者并处五万元以下罚款，违法所得在五万元以上的，单处或者并处违法所得一倍以上五倍以下罚款，并可以由有关部门依法予以处分。

明知他人实施间谍行为，为其提供信息、资金、物资、劳务、技术、场所等支持、协助，或者窝藏、包庇，尚不构成犯罪的，依照前款的规定处罚。

单位有前两款行为的，由国家安全机关予以警告，单处或者并处五十万元以下罚款，违法所得在五十万元以上的，单处或者并处违法所得一倍以上五倍以下罚款，并对直接负责的主管人员和其他直接责任人员，依照第一款的规定处罚。

国家安全机关根据相关单位、人员违法情节和后果，可以建议有关主管部门依法责令停止从事相关业务、提供相关服务或者责令停产停业、吊销有关证照、撤销登记。有关主管部门应当将作出行政处理的情况及时反馈国家安全机关。

第五十五条　实施间谍行为，有自首或者立功表现的，可以从轻、减轻或者免除处罚；有重大立功表现的，给予奖励。

在境外受胁迫或者受诱骗参加间谍组织、敌对组织，从事危害中华人民共和国国家安全的活动，及时向中华人民共和国驻外机构如实说明情况，或者入境后直接或者通过所在单位及时向国家安全机关如实说明情况，并有悔改表现的，可以不予追究。

第五十六条 国家机关、人民团体、企业事业组织和其他社会组织未按照本法规定履行反间谍安全防范义务的，国家安全机关可以责令改正；未按照要求改正的，国家安全机关可以约谈相关负责人，必要时可以将约谈情况通报该单位上级主管部门；产生危害后果或者不良影响的，国家安全机关可以予以警告、通报批评；情节严重的，对负有责任的领导人员和直接责任人员，由有关部门依法予以处分。

第五十七条 违反本法第二十一条规定新建、改建、扩建建设项目的，由国家安全机关责令改正，予以警告；拒不改正或者情节严重的，责令停止建设或者使用、暂扣或者吊销许可证件，或者建议有关主管部门依法予以处理。

第五十八条 违反本法第四十一条规定的，由国家安全机关责令改正，予以警告或者通报批评；拒不改正或者情节严重的，由有关主管部门依照相关法律法规予以处罚。

第五十九条 违反本法规定，拒不配合数据调取的，由国家安全机关依照《中华人民共和国数据安全法》的有关规定予以处罚。

第六十条 违反本法规定，有下列行为之一，构成犯罪的，依法追究刑事责任；尚不构成犯罪的，由国家安全机关予以警告或者处十日以下行政拘留，可以并处三万元以下罚款：

（一）泄露有关反间谍工作的国家秘密；

（二）明知他人有间谍犯罪行为，在国家安全机关向其调查有关情况、收集有关证据时，拒绝提供；

（三）故意阻碍国家安全机关依法执行任务；

（四）隐藏、转移、变卖、损毁国家安全机关依法查封、扣押、冻结的财物；

（五）明知是间谍行为的涉案财物而窝藏、转移、收购、代为销售或者以其他方法掩饰、隐瞒；

（六）对依法支持、协助国家安全机关工作的个人和组织进行打击报复。

第六十一条 非法获取、持有属于国家秘密的文件、数据、资料、物品，以及非法生产、销售、持有、使用专用间谍器材，尚不构成犯罪的，由国家安全机关予以警告或者处十日以下行政拘留。

第六十二条 国家安全机关对依照本法查封、扣押、冻结的财物，应当妥善保管，并按照下列情形分别处理：

（一）涉嫌犯罪的，依照《中华人民共和国刑事诉讼法》等有关法律的规定处理；

（二）尚不构成犯罪，有违法事实的，对依法应当没收的予以没收，依法应当销毁的予以销毁；

（三）没有违法事实的，或者与案件无关的，应当解除查封、扣押、冻结，并及时返还相关财物；造成损失的，应当依法予以赔偿。

第六十三条 涉案财物符合下列情形之一的，应当依法予以追缴、没收，或者采取措施消除隐患：

（一）违法所得的财物及其孳息、收益，供实施间谍行为所用的本人财物；

（二）非法获取、持有的属于国家秘密的文件、数据、资料、物品；

（三）非法生产、销售、持有、使用的专用间谍器材。

第六十四条 行为人及其近亲属或者其他相关人员，因行为人实施间谍行为从间谍组织及其代理人获取的所有利益，由国家安全机关依法采取追缴、没收等措施。

第六十五条 国家安全机关依法收缴的罚款以及没收的财物，一律上缴国库。

第六十六条 境外人员违反本法的，国务院国家安全主管部门可以决定限期出境，并决定其不准入境的期限。未在规定期限内离境的，可以遣送出境。

对违反本法的境外人员，国务院国家安全主管部门决定驱逐出境的，自被驱逐出境之日起十年内不准入境，国务院国家安全主管部门的处罚决定为最终决定。

第六十七条 国家安全机关作出行政处罚决定之前，应当告知当事人拟作出的行政处罚内容及事实、理由、依据，以及当事人依法享有的陈述、申辩、要求听证等权利，并依照《中华人民共和国行政处罚法》的有关规定实施。

第六十八条 当事人对行政处罚决定、行政强制措施决定、行政许可决定不服的，可以自收到决定书之日起六十日内，依法申请复议；对复议决定不服的，可以自收到复议决定书之日起十五日内，依法向人民法院提起诉讼。

第六十九条 国家安全机关工作人员滥用职权、玩忽职守、徇私舞弊，或者有非法拘禁、刑讯逼供、暴力取证、违反规定泄露国家秘密、工作秘密、商业秘密和个人隐私、个人信息等行为，依法予以处分，构成犯罪的，依法追究刑事责任。

第六章 附 则

第七十条 国家安全机关依照法律、行政法规和国家有关规定，履行防范、制止和惩治间谍行为以外的危害国家安全行为的职责，适用本法的有关规定。

公安机关在依法履行职责过程中发现、惩治危害国家安全的行为，适用本法的有关规定。

第七十一条 本法自 2023 年 7 月 1 日起施行。

关于《中华人民共和国反间谍法（修订草案）》的说明

——2022年8月30日在第十三届全国人民代表大会常务委员会第三十六次会议上

全国人大监察和司法委员会主任委员　吴玉良

全国人民代表大会常务委员会：

我受全国人大监察和司法委员会委托，作关于《中华人民共和国反间谍法（修订草案）》的说明。

反间谍斗争本质上是反渗透、反颠覆斗争，事关国家安全。以习近平同志为核心的党中央高度重视反间谍工作，对进一步加强新时代反间谍斗争提出明确要求。

现行反间谍法制定于2014年，作为新中国第一部规范和保障反间谍斗争的专门法律，发挥了重要作用。但当前反间谍斗争形势较为严峻，各类间谍情报活动的主体更加复杂、领域更加广泛、目标更加多元、手法更加隐蔽。现行反间谍法已经不能适应新形势下落实总体国家安全观和反间谍斗争实践需要，亟需修改完善。

一、草案起草过程和总体思路

2021年，全国人大监察和司法委员会就反间谍法实施情况开展专题调研，提出立法建议，推动将修改反间谍法列入全国人大常委会2022年度立法工作计划。2021年12月至2022年1月，全国人大监察和司法委员会会同七部门组建工作专班负责起草工作，广泛听取部门、地方和专家学者的意见建议，形成了《中华人民共和国反间谍法（修订草案）》。

修改反间谍法遵循以下思路和原则：

一是全面贯彻习近平法治思想和总体国家安全观。以习近平新时代中国特色社会主义思想为指导，将党中央对反间谍工作的重大决策部署转化为国家意志，更好维护国家安全。

二是坚持问题导向。聚焦现行反间谍法实施中存在的“间谍行为”概念不清晰、安全防范制度不健全、行政执法赋权不足等重点、难点问题，完善相关法律规定。

三是兼顾赋权与限权，加强对行使公权力的监督制约。

四是注重系统观念。立足我国反间谍工作实践，借鉴国外立法经验，加强相关法律衔接，健全完善中国特色反间谍法律制度。

二、修改的主要内容

本次反间谍法修改，在现行法律5章40条的基础上，新增28条，修订或拆分37条，修订后为6章68条。主要修改内容包括：

（一）进一步强化党中央对反间谍工作的领导

草案明确规定党中央对反间谍工作的集中统一领导，新增“坚持总体国家安全观”的指导思想和“标本兼治”的基本原则；建立健全国家层面的反间谍工作协调机制；科学界定“间谍行为”；加强对国家安全机关工作人员的政治教育培训。

（二）完善反间谍安全防范规定

草案新增“安全防范”一章，明确了反间谍安全防范责任主体；各级人民政府和有关部门组织开展反间谍宣传教育的主体责任；重点单位、重点领域的安全防范责任和涉及国家安全事项的建设项目许可制度等。

（三）增加反间谍行政执法职权

草案完善反间谍调查措施，增加查阅调取数据、传唤、财产信息查询、检查、不准出入境等行政执法职权。

（四）加强反间谍工作保障

草案专设“工作保障”一章，增加与有关个人和组织建立合作关系，对相关人员予以保护、营救、补偿、安置、抚恤优待等规定，明确专业队伍建设相关要求。

（五）完善反间谍工作行政处罚种类和处理手段

草案规定通报批评、罚款、暂扣或者吊销许可证件等处罚种类，完善行政拘留适用情形。

（六）加强对反间谍工作的监督

草案明确国家安全机关执法规范要求，严格审批程序，建立健全内部监督和安全审查制度，完善当事人的救济权利。

此外，草案还对部分条款及文字作了调整修改。

《中华人民共和国反间谍法（修订草案）》和以上说明是否妥当，请审议。

全国人民代表大会宪法和法律委员会关于《中华人民共和国反间谍法（修订草案）》修改情况的汇报

全国人民代表大会常务委员会：

常委会第三十六次会议对反间谍法修订草案进行了初次审议。会后，法制工作委员会将修订草案印发部分省（区、市）人大常委会、中央有关部门等征求意见。宪法和法律委员会、法制工作委员会深入学习贯彻党的二十大精神，就一些重要问题与中央国安办和中央有关部门多次沟通研究，到北京等地调研，召开座谈会听取中央有关部门、反间谍工作一线单位和部分企业的意见。宪法和法律委员会于11月30日召开会议，根据常委会组成人员的审议意见和各方面的意见，对修订草案进行了逐条审议。全国人大监察司法委、国家安全部有关负责同志列席了会议。现将反间谍法修订草案主要问题修改情况汇报如下：

一、有的常委会组成人员、地方、部门建议加强反间谍宣传教育，提高全民反间谍意识，积极发挥国家安全人民防线的作用。宪法和法律委员会经研究，建议作出以下修改：一是在立法指导思想和基本原则中增加规定“筑牢国家安全人民防线”；二是增加规定新闻媒体等单位应当面向社会开展反间谍宣传教育，增强全民国家安全素养；三是明确重点单位应当加强对涉密人员的反间谍安全防范教育。

二、修订草案第四条规定了间谍行为的定义。有的常委委员、地方提出，帮助实施间谍行为具有一定的社会危害性，需要依法惩处，但性质应区别于直接实施间谍行为；有的常委委员、地方、部门提出，网络窃密、攻击、破坏是间谍行为新形态，建议增加有关网络间谍的规定。宪法和法律委员会经研究，建议作出以下修改：一是将帮助实施间谍行为在法律责任中明确予以处罚。二是将为间谍组织及其代理人提供针对关键信息基础设施的网络安全漏洞等信息的行为规定为间谍行为。

三、有的常委会组成人员、地方、部门建议进一步加大对反间谍工作的支持力度。宪法和法律委员会经研究，建议增加以下规定：一是对在反间谍工作中作出重大贡献的个人和组织按照国家有关规定给予表彰和奖励；二是重点单位应当加强对涉密事项、场所、载体等的反间谍物理防范措施；三是鼓励反间谍领域科技创新，发挥科技在反间谍工作中的作用；四是明确国家安全机关应当加强反间谍工作的人才队伍建设和专业训练。

四、有的常委委员、地方、部门建议处理好开展反间谍工作与保护个人、组织合法权益之间的关系，加强对国家安全机关反间谍工作的监督。宪法和法律委员会经研究，建议作出以下修改：一是将第四章章名修改为“保障与监督”；二是明确国家安全机关查阅调取、查封扣押冻结不能超出执行任务的范围和限度；三是明确国家安全机关对人身、物品、场所进行检查、决定不准出境等的批准层级。

五、有的地方、部门建议做好修订草案与出境入境管理法、刑事诉讼法等相关法律的衔接，增强法律的可操作性。宪法和法律委员会经研究，建议作出以下修改：一是增加规定国家安全机关对相关人员决定不准出入境和撤销决定应及时通知移民管理机构；二是增加行刑衔接的规定。

此外，还对修订草案作了一些文字修改。

修订草案二次审议稿已按上述意见作了修改，宪法和法律委员会建议提请本次常委会会议继续审议。

修订草案二次审议稿和以上汇报是否妥当，请审议。

全国人民代表大会宪法和法律委员会

2022 年 12 月 27 日

全国人民代表大会宪法和法律委员会关于《中华人民共和国反间谍法（修订草案）》审议结果的报告

全国人民代表大会常务委员会：

反间谍工作本质上是反渗透、反颠覆、反窃密斗争，是国家安全重要领域。以习近平同志为核心的党中央高度重视反间谍工作，对加强反间谍工作提出了明确要求。2014 年施行的反间谍法是我国贯彻落实总体国家安全观的第一部重要法律，也是规范和保障反间谍斗争的专门法律，为维护国家安全发挥了重要作用。当前反间谍斗争形势较为严峻，传统安全威胁与非传统安全威胁相互交织，各类间谍情报活动的主体更加复杂、领域更加广泛、目标更加多元、手法更加隐蔽。在总体国家安全观的指导下，需要修改完善反间谍法以适应新时代反间谍斗争需要。2022 年 8

月，反间谍法修订草案由全国人大监察和司法委员会提请第十三届全国人大常委会第三十六次会议初次审议；同年12月，第十三届全国人大常委会第三十八次会议对修订草案进行了二次审议。第十三届全国人大宪法和法律委员会、常委会法制工作委员会深入学习贯彻党的二十大精神，就一些重要问题与中央国安办和中央有关部门多次沟通研究，通过多种形式征求意见，将修订草案印发多个省（区、市）人大常委会、立法联系点及中央有关部门等征求意见；在中国人大网全文公布修订草案二次审议稿，公开征求社会公众意见；通过召开座谈会等方式，听取部分全国人大代表、反间谍工作基层执法部门、企业和相关专家学者等各方面的意见。

在修订草案审议和修改过程中，注重把握以下几点：一是全面贯彻习近平法治思想和总体国家安全观，将党中央对反间谍工作的重大决策部署转化为国家意志，更好地维护国家安全。二是坚持问题导向，聚焦现行反间谍法实施中存在的间谍行为范围较窄、安全防范制度不健全、行政执法赋权不足等重点难点问题，完善相关法律规定。三是妥善处理赋权与限权的关系，加强反间谍工作，同时注重对行使公权力的监督制约。四是坚持系统观念，立足我国反间谍工作实践，做好相关法律衔接，健全完善中国特色反间谍法律制度。

经过两次审议后的修订草案主要内容包括：一是贯彻落实党的二十大精神，进一步加强党中央对反间谍工作的集中统一领导，在总则部分增加“坚持总体国家安全观”的指导思想和“标本兼治，筑牢国家安全人民防线”的基本原则；建立健全国家层面的反间谍工作协调机制。二是完善间谍行为的定义，增加网络间谍、投靠间谍组织及其代理人、针对第三国的间谍行为；适度扩大相关主体窃密的对象范围。三是完善安全防范规定，明确国家机关、社会组织等反间谍安全防范的主体责任，有关方面开展反间谍宣传教育的职责；明确重点单位的安全防范责任和涉及国家安全事项的建设项目许可制度等。四是完善反间谍调查措施，增加查阅调取数据、传唤、财产信息查询、不准出入境等行政执法职权；明确国家安全机关执法规范要求，严格审批程序；增加对发现的网络安全风险等的处置措施；增加对国家秘密、情报的鉴定评估机制；增加行刑衔接的规定。五是加强对反间谍工作的保障与监督，增加对相关人员予以保护、营救、补偿、安置、抚恤优待、培训等规定；增加规定鼓励反间谍领域科技创新，发挥科技在反间谍工作中的作用；明确国家安全机关应当严格执行内部监督和安全审查制度。六是完善法律责任，扩大行政处罚的适用情形，对涉及间谍行为的轻微违法行为明确规定罚款、拘留等行政处罚；增加约谈、通报批评、暂扣或者吊销许可证件等处罚种类；做好与相关法律的衔接。

本届以来，全国人大宪法和法律委员会、常委会法制工作委员会就修订草案的有关问题多次召开座谈会，进行实地调研，进一步听取有关方面意见。宪法和法律委员会于 4 月 13 日召开会议，根据常委会组成人员审议意见和各方面的意见，对修订草案进行了逐条审议。中央国安办、全国人大监察司法委、国家安全部有关负责同志列席了会议。4 月 17 日，宪法和法律委员会召开会议，再次进行了审议。宪法和法律委员会认为，修订草案经过两次审议修改，已经比较成熟。同时，提出以下主要修改意见：

一、修订草案二次审议稿第四条第一款第四项规定，为间谍组织及其代理人提供关键信息基础设施的网络安全漏洞等信息是间谍行为。有些常委会组成人员、地方、部门、专家学者和社会公众建议进一步完善关于网络间谍的规定，明确网络间谍的行为方式。宪法和法律委员会经研究，建议将该项修改为：间谍组织及其代理人实施或者指使、资助他人实施，或者境内外机构、组织、个人与其相勾结实施针对国家机关、涉密单位或者关键信息基础设施等的网络攻击、侵入、干扰、控制、破坏等活动。

二、有的常委会组成人员、地方、部门建议加强国家安全机关对反间谍宣传教育活动的协调指导。宪法和法律委员会经研究，建议增加规定国家安全机关应当根据反间谍安全防范形势，指导有关单位开展反间谍宣传教育活动，提高防范意识和能力。

三、有的常委委员、地方、全国人大代表建议进一步平衡反间谍工作与保障个人、组织合法权益之间的关系，完善反间谍调查措施的适用条件，加强执法规范化，明确执法程序。宪法和法律委员会经研究，建议作出以下修改：一是将第三章章名“调查处理”

修改为“调查处置”；二是明确国家安全机关工作人员只能在依法执行反间谍工作任务时，才能适用查验、查阅、调取等措施，避免权力滥用；三是完善国家安全机关发现涉及间谍行为的网络信息内容或者网络攻击等风险的处置程序，增加规定经采取相关措施，涉及间谍行为的网络信息内容或者网络攻击等风险已经消除的，有关部门应当及时作出恢复相关传输和服务的决定。

四、有的地方、部门、专家学者和社会公众建议适当调整对于轻微间谍违法行为等的罚款数额。宪法和法律委员会经研究，建议采纳上述意见，体现过罚相当。

此外，还对修订草案二次审议稿作了一些文字修改。

4 月 10 日，法制工作委员会召开会议，邀请全国人大代表、反间谍工作基层执法部门、企业和相关专家学者等就修订草案主要制度规范的可行性、出台时机、实施的社会效果和可能出现的问题等进行评估。与会人员一致认为，修订草案贯彻落实党的二十大精神，体现总体国家安全观的要求，适应新时代反间谍斗争需要，坚持问题导向，内容全面、结构科学、措施有力、体系完备，具有较强的针对性、可操作性和前瞻性。修订草案充分吸收了各方面意见，已经比较成熟，建议尽快出台修订后的反间谍法。与会人员还对修订草案提出了一些具体修改意见，宪法和法律委员会进行了认真研究，对有的意见予以采纳。

修订草案三次审议稿已按上述意见作了修改，宪法和法律委员会建议提请本次常委会会议审议通过。

修订草案三次审议稿和以上报告是否妥当，请审议。

全国人民代表大会宪法和法律委员会

2023年4月24日

全国人民代表大会宪法和法律委员会关于《中华人民共和国反间谍法（修订草案三次审议稿）》修改意见的报告

全国人民代表大会常务委员会：

本次常委会会议于 4 月 24 日下午对反间谍法修订草案三次审议稿进行了分组审议。普遍认为，修订草案已经比较成熟，赞成进一步修改后，提请本次常委会会议表决通过。同时，有些常委会组成人员和列席人员还提出了一些修改意见和建议。宪法和法律委员会于 4 月 24 日晚召开会议，逐条研究了常委会组成人员和列席人员的审议意见，对修订草案进行了审议。中央国安办、全国人大监察司法委、国家安全部有关负责同志列席了会议。宪法和法律委员会认为，修订草案是可行的，同时，提出以下修改意见：

一、修订草案三次审议稿第二十条规定，反间谍安全防范重点单位应当按照国家安全机关的要求和相关标准，加强反间谍技术防范。有的常委委员建议进一步明确国家安全机关的技术防范标准，避免与国家保密部门的相关防范标准出现冲突或者重复。宪法和法律委员会经研究，建议将“国家安全机关要求和相关标准”修改为“反间谍技术防范的要求和标准”。

二、有些常委委员提出，修订草案三次审议稿第二十二条属于保障措施、第四十一条属于调查措施，建议作出调整。宪法和法律委员会经研究，建议将第二十二条调整至第四章“保障与监督”，第四十一条调整至第三章“调查处置”，同时对相关条文内容的表述作了完善，对条文顺序作了调整。

三、修订草案三次审议稿第四十五条规定，国家安全机关可以提请海关、移民管理等检查机关提供免检、简化程序等便利。有的列席人员建议对上述规定作进一步明确。宪法和法律委员会经研究，建议将检查机关“提供免检、简化程序等便利”修改为检查机关“对有关人员提供通关便利，对有关资料、器材等予以免检”。

四、修订草案三次审议稿第六十六条规定了限期出境、驱逐出境的措施。有的常委委员提出，限期出境与驱逐出境是不同措施，建议分别作出规定。宪法和法律委员会经研究，建议采纳上述意见，分款对限期出境、驱逐出境作出规定。

经与有关部门研究，建议将修订后的反间谍法的施行时间确定为 2023 年 7 月 1 日。

此外，根据常委会组成人员的审议意见，还对修订草案三次审议稿作了一些文字修改。

修订草案修改稿已按上述意见作了修改，宪法和法律委员会建议本次常委会会议审议通过。

修订草案修改稿和以上报告是否妥当，请审议。

全国人民代表大会宪法和法律委员会

2023 年 4 月 25 日

中华人民共和国反间谍法：含立法说明：大字版
ZHONGHUA RENMIN GONGHEGUO FANJIANDIEFA：HAN LIFA SHUOMING：DAZIBAN

经销/新华书店
印刷/保定市中画美凯印刷有限公司
开本/850 毫米×1168 毫米　32 开　　印张/1.5　字数/17 千
版次/2023 年 5 月第 1 版　　2023 年 5 月第 1 次印刷

中国法制出版社出版
书号 ISBN 978-7-5216-3526-3　　定价：6.00 元

北京市西城区西便门西里甲 16 号西便门办公区
邮政编码：100053　　传真：010-63141600
网址：http：//www.zgfzs.com　　**编辑部电话：010-63141673**
市场营销部电话：010-63141612　　**印务部电话：010-63141606**

（如有印装质量问题，请与本社印务部联系。）